LETTRES
SUR
L'ENSEIGNEMENT

PAR

ERNEST BERSOT,

Agrégé de philosophie, docteur ès-lettres.

PREMIÈRE LETTRE.

ÉTAT DES ÉTUDES.

PRIX : 30 CENT.

PARIS
LIBRAIRIE DE L. HACHETTE ET Cie
RUE PIERRE-SARRAZIN, N° 14

1857

BEAU JEUNE, IMPRIMEUR A VERSAILLES, RUE DE L'ORANGERIE, 36.

Versailles, 29 janvier 1857.

Mon cher et ancien Collègue,

Je vais dire au public ce que nous nous sommes dit bien des fois. Voici ce que vous demandiez : quelqu'un qui parlât franchement sur l'enseignement, même au risque de déplaire quelquefois à nos amis et de plaire quelquefois à nos ennemis. La situation n'est pas bonne ; mais, puisqu'elle est mauvaise, ce qu'il y a de mieux, c'est de l'avouer et de la corriger. Recevez, je vous prie, amicalement ces lettres, qui vont à vous comme y va souvent mon souvenir.

Châteaubriand a écrit dans ses *Mémoires* : « Il y a toujours, en France, cent contre un à parier qu'une chose quelconque ne durera pas. » J'espère bien qu'il n'y aura pas une exception pour le plan d'études et le baccalauréat actuels. Indépendamment de cette raison, qui suffirait au besoin, il y en a de bonnes, que j'ai l'intention d'expliquer. Les circonstances sont peut-être favorables. Au ministre qui avait institué le nouveau régime a succédé un ministre libre de tout engagement et qui a tenu à le faire comprendre ; puis l'expérience a ouvert bien des yeux, et, du vivant même du dernier ministre, il était évident que les choses ne pouvaient pas rester dans cet état. La question de l'enseignement n'est pas de celles où il est permis de répondre : « Il y a quelque chose à faire » et de ne rien faire ; il faut se décider, il faut se presser, car il ne s'agit pas de nous, mais de nos enfants, que nous n'avons pas le droit de sacrifier. Je parle sur cette matière, parce que je puis être utile, ayant donné à l'enseignement une vingtaine d'années, ce qu'on m'a permis de lui donner, libre de dire, attaché profondément à l'Université, non pas à toutes les pratiques qu'elle retient de l'habitude ou que la volonté de ses maîtres passagers lui impose, mais à son esprit libéral, qui persiste à travers toutes les épreuves et ne se refuse à aucun progrès. Je parle peut-être avec vivacité ; je ne m'en défends pas : j'aime le bon sens ; le faux ne fait pas du mal seulement par ses effets propres, il fausse encore les esprits qui, le voyant établi, durer, s'habituent à croire qu'il est le vrai. Je songe aussi qu'il s'agit de ceux qui viendront après nous et feront de ce pays ce qu'ils seront eux-mêmes. Désintéressé de beaucoup de choses, je ne me vanterai jamais d'être désintéressé de celle-là.

I

Le caractère propre du plan d'études est la recherche de l'utile. On a considéré les spécialités dans lesquelles les hommes se partagent, et on veut fournir à toutes ces spécialités. Au lieu donc de viser à une perfection générale de l'esprit, on ne vise qu'à une perfection particulière, on forme le parfait écolier de l'École navale, de l'Ecole forestière, de l'Ecole de Saint-Cyr, de l'Ecole polytechnique, de l'Ecole normale. Comme ces écoles s'ouvrent de bonne heure et qu'elles ont leur programme d'admission, difficile à proportion du nombre des candidats, on a senti qu'on ne saurait y préparer trop tôt et trop fortement. Aussi, en sortant de la classe de quatrième, les élèves doivent entrer dans la voie des lettres ou dans la voie des sciences; c'est ce qu'on appelle d'un nom emprunté à l'industrie et qui sied bien ici, la bifurcation. Dès lors l'enseignement ne voit plus que l'école : aucun écart, aucun excès ; on les a prévus dans l'enseignement des lettres qui, naturellement plus vague, invite les jeunes élèves à regarder à droite et à gauche et à courir le pays ; l'histoire et la philosophie, qui éveillent de ces fantaisies, ont été mises à la raison.

Ce plan est très-bien conçu. La séparation des lettres et des sciences répond à la séparation des aptitudes et des carrières ; chacun de ces embranchements mène loin et dessert, chemin faisant, les différentes écoles. Ce que l'enseignement scientifique comporte d'études littéraires, ce que l'enseignement littéraire comporte d'études scientifiques, est bien ménagé; on trouve même appliqué en grand pour la première fois cet excellent principe que, au lieu d'enseigner une science dans toute sa difficulté à un seul âge et à un seul ordre d'esprits, on peut l'enseigner à divers âges et à divers ordres d'esprits à diverses profondeurs. Je le répète, ce plan, comme plan, est très-remarquable; il pèche dans la pratique : on a supposé des élèves d'une espèce supérieure.

D'abord, pour se décider, au moment de la bifurcation, ils doivent avoir une connaissance bien certaine d'eux-mêmes et de la vie. Un ancien a imaginé qu'Hercule, au commencement de l'adolescence, se trouva à l'entrée de deux chemins, le bon et le mauvais, que la Volupté et la Vertu vinrent l'inviter à les suivre, qu'il écouta leurs raisons, réfléchit longtemps et se décida pour le grand parti. C'était bien de le faire choisir à cet âge, qui est une crise; de plus, il savait même alors distinguer entre le bien et le mal et savait sur quoi il délibérait ; enfin, il ne dépendait que de lui, une fois le choix fait, de le suivre toujours, car pour être bon ou mauvais, il n'y a besoin que de la volonté. Nos enfants, plus précoces, ont à délibérer de meilleure heure sur des points plus obscurs. Vers treize ans, on les place aussi à l'entrée de deux chemins, celui des lettres et celui des sciences ; des lettres, ils connaissent la grammaire ; des sciences, les quatre règles et quelques expériences de physique et de chimie amusante ; on leur a dit que par l'un ils seront ingénieurs, médecins, militaires, etc., par l'autre avocats, magistrats, prêtres, et le reste. Or, il n'y a rien de plus certain, comme chacun sait, que les vocations de treize ans. Les uns, indifférents sur les agréments ou les ennuis du chemin, ne voient, au bout, qu'un uniforme qui brille ; d'autres, plus prudents, se décident sur leur expérience : ils se jettent dans les lettres par dégoût des théories arithmétiques, dans les sciences par dégoût des thèmes et des leçons à réciter. Il est vrai que plusieurs, une fois entrés dans une de ces routes, en sentent les ennuis présents et oublient les anciens ennuis ; aussi, les voit-on revenir à la route abandonnée, jusqu'à ce que, par honte de changer, ils restent où cette honte les a surpris.

Donnez-leur la parfaite connaissance de leur aptitude, elle ne suffira pas pour qu'ils choisissent bien ; il ne serait pas mal de leur donner aussi la prévision de l'avenir pour savoir deux choses : s'ils réussiront à entrer dans l'école où ils veulent entrer, et aussi ce qu'il arrivera de la fortune de leur père, qui, changée, pourrait changer leurs plans. Que faire de soi, quand, frappant obstinément à une école, on est resté à la porte? Que faire de soi, quand, entré dans une carrière à long stage, des parents ruinés ne peuvent plus vous soutenir? Avec une aptitude générale, rien n'est perdu : on a formé son intelligence, on l'emploie ici, au lieu de l'employer là ; mais avec des études exclusives, on n'était propre qu'à la chose que l'événement vous interdit.

Une autre erreur du plan d'études est de supposer l'esprit mathématique beaucoup plus général qu'il ne l'est. Tout le monde n'est pas mathématicien : il y a dans les mathématiques une abstraction puissante qui effarouche la plupart des esprits. Si tout homme n'est pas mathématicien, tout âge non plus ne l'est pas : il faut du temps avant que l'esprit des enfants, engagé dans les choses individuelles, sépare de ces choses leur essence, pour envisager, à la place des nombres réels et des grandeurs réelles et de leurs relations réelles, les quantités pures et les purs rapports. Quant à l'intérêt que ces sciences présentent, il doit être très-grand quand on est parvenu à un certain point, quand on sent qu'on possède en elles un instrument admirable qui vous ouvre ce monde où tout a été fait avec nombre, avec poids et avec mesure ; mais, dans les commencements, on ne devine point cette vertu ; les lenteurs nécessaires des démonstrations impatientent ; de temps à autre, on voit bien, par plus d'horizon, qu'on a monté, mais la pente est si faible qu'en marchant on ne sent pas qu'on avance. Par ces dégoûts des commencements, ou par les difficultés des suites et de la fin, il arrive ce qui devait arriver : quelques-uns seulement suivent, et une multitude restent en arrière, incapables de se rattraper dans un enseignement où toutes les vérités s'appuient les unes sur les autres, où ce qu'on apprend suppose qu'on sait tout ce qu'on a appris.

Comme il a supposé les élèves plus sûrs de leur aptitude, plus prévoyants de l'avenir et plus capables de mathématiques qu'ils ne le sont, le plan d'études les suppose aussi plus raisonnables, moins exclusifs. En imposant aux élèves des études étrangères à leurs spécialités, en les réunissant dans de certains exercices communs, après les avoir séparés comme en deux nations, on a pensé qu'ils consentiraient à cette digression, on s'est trompé ; cela devait se prévoir et se voit maintenant. Renfermés dans la même classe, sous le même professeur, devant le même travail, les littérateurs restent littérateurs, les scientifiques, scientifiques ; autrement ils croiraient perdre leur temps et manquer à la dignité des sciences ou des lettres qu'ils représentent. Par malheur, personne ne profite à ces dédains ; la discipline des sciences sert à former le raisonnement des esprits littéraires, et les habitudes littéraires ne sont pas sans quelque utilité : d'abord un homme du monde, quel qu'il soit d'ailleurs, n'ignore pas de certaines choses sans ridicule ; elles donnent aussi les moyens d'exposer les sciences elles-mêmes, et, enfin, elles préservent l'esprit d'une certaine raideur que l'inflexibilité du raisonnement mathématique risque de lui communiquer.

Voilà, pour ne pas entrer dans les détails, les principaux défauts du plan d'études comme plan : il s'adresse à mieux qu'à des enfants et à des jeunes gens, il demande à ceux auxquels il s'applique des qualités rares ou même impossibles ; on leur donne un bel habit, on a oublié de leur prendre mesure. Cela arrive quelquefois en France ; mais d'ordinaire ce sont des rêveurs, on dit, je crois, des idéologues, qui commettent ces bévues ; ici, au contraire, ce sont des hommes positifs, des hommes pratiques ; ce qui console beaucoup les philosophes.

On a d'autres reproches à adresser au plan d'études, quand on lui demande ce qu'il a fait de deux grands enseignements, celui de l'histoire et de la philosophie.

Il y a toutes sortes de bonnes raisons pour recommander l'étude de l'histoire, premièrement la raison que donne Bossuet : « Il serait honteux d'ignorer le genre humain ; » au point de vue de l'éducation, comme moyen de former l'intelligence, elle a une utilité particulière. Une fois entré dans le monde, l'important est qu'on la sache, de quelque façon qu'on l'ait apprise ; au collége, l'important est la façon de l'apprendre. J'ai vu un temps où le professeur faisant une leçon, les élèves la reproduisaient par écrit : on leur enseignait alors, avec les faits, le choix et l'ordre des idées, l'art de la rédaction, l'art du style; ils ajoutaient dans ce temps-là, quand ils étaient de bonne volonté, des lectures, des analyses d'historiens, même des appréciations ; ces exercices, continués pendant quatre ou cinq années, me semblaient singulièrement profitables ; je me trompais sans doute, puisqu'on les a supprimés. Je me disais que s'il y avait excès quelquefois dans les détails de l'histoire, si le cours de collége tournait quelquefois en cours de faculté, l'Administration avait des moyens sûrs pour réduire l'enseignement à être ce qu'il devait être ; mais on n'a pas corrigé l'excès, on a changé le système. Maintenant, le professeur dicte des sommaires, qu'il fait ensuite réciter ; les élèves peuvent se donner carrière dans des narrations ou des parallèles. La narration paraîtra peut-être un double emploi avec la rhétorique, mais j'espère beaucoup dans le parallèle.

Après l'histoire, venons à l'autre enseignement. On débaptise la philosophie, qu'on appelle logique, on invite les jeunes gens à des discussions sur la méthode, puis à la fin, comme application des règles de la méthode, on leur montre la spiritualité de l'âme, l'existence de Dieu, la liberté, la loi morale et la vie future. On aurait pu prendre d'autres questions, on a bien voulu prendre celles-là. En apprenant qu'il y a un Dieu, qu'il y a une conscience morale, que nous sommes des esprits libres, immortels, responsables de nos mauvaises actions, même après la mort, ils apprendront à respecter toute leur vie la méthode. Voilà pour les élèves des lettres; quant aux élèves des sciences, on ne leur en parle même pas : ils auront à se passer de ces idées sur eux-mêmes, sur Dieu et sur l'autre vie ; ils seront bacheliers sans cela. Aux uns ni aux autres on ne dit un mot de l'histoire de la philosophie. C'est très-bien ; voyons, ne parlons pas en amis ou en ennemis de la philosophie, parlons raison. Comment ose-t-on respecter assez peu ces hautes vérités de religion et de morale pour les placer dans la logique, pour les introduire par cette porte basse et dérobée de la méthode, quand il faudrait, pour les recevoir, ouvrir l'esprit et l'âme toute grande, et les montrer comme les sommets de la science ; quand il faudrait imprimer dans les jeunes gens cette pensée qu'il ne s'agit pas là d'analyse ni de synthèse, d'induction ni de déduction, mais de notre dignité, de notre bonheur, de tout l'homme! Comment ne craint-on pas de compromettre ces vérités en les subordonnant à une méthode, quand il est certain qu'elles sont au-dessus de la méthode, qu'elles se forment en nous, non par l'artifice des procédés, mais par le mouvement spontané de l'âme, qui se sent libre dans l'action et avant l'action ; immatérielle, quand elle résiste au corps; immortelle, par ses nobles instincts; qui connaît la distinction du bien et du mal par la conscience, la satisfaction intérieure et le remords, l'existence de Dieu par le spectacle du monde et d'elle-même ? la philosophie se bornant à forcer les hommes de faire attention pour voir ces vérités en eux, pour les voir telles que la nature les y a gravées de sa puissante main. Si les esprits voués aux études littéraires ont besoin de ces vérités, si, sans elles, ils ne comprennent ni la littérature, qui vit des idées religieuses et morales, ni l'histoire, qui suppose au moins la liberté et la distinction du bien et du mal, ni en un mot rien, où a-t-on vu que les esprits voués aux études scientifiques n'en ont pas besoin ? Les jeunes élèves de médecine iront dans les amphithéâtres et dans les hospices, bien pourvus de physique, de chimie, de mécanique ; en voyant l'influence des organes sur la pensée et sur le sentiment, ils seront tentés de matérialisme, et personne ne les aura avertis, personne, prévoyant l'objection redoutable, ne l'aura discutée et détruite ! Ces savants ne lèveront jamais les yeux de dessus leurs livres, et, en observant le train des choses humaines, ils ne seront jamais tentés de croire que nul être sage et juste ne le conduit ? Il n'aura pas été utile qu'un homme exercé, soulevant à l'avance les difficultés qui doivent se soulever d'elles-mêmes un jour, les examinât sincèrement devant eux et y répondît ce que la raison répond pour raffermir la croyance à Dieu ? A quoi sert-il enfin de cacher si soigneusement aux jeunes gens, quels qu'ils soient, l'histoire de la philosophie, comme si, dès leur entrée dans le monde, ils ne devaient pas y rencontrer toutes les erreurs, athéisme, panthéisme, fatalisme, matérialisme, communisme, etc., comme si cette innocence d'esprit, si précieusement conservée, devait servir à autre chose qu'à les exposer sans défense à la séduction de doctrines qu'ils admirent pour leur nouveauté, et qui sont seulement vieilles comme le monde ! Quelle pitié !

Le public a fait peu d'attention à ces réformes de la philosophie et de l'histoire, parce qu'il a été très-frappé de la bifurcation et très-attentif à en suivre les effets; pourtant, s'il y a quelque chose qui mérite le blâme, c'est cela. Les auteurs du plan d'études ont pu, puisqu'ils sont hommes, se tromper sur les résultats futurs de la bifurcation ; mais quand ils portaient la main sur deux enseignements libéraux, ils savaient ce qu'ils faisaient, et étaient sans excuse. Je crains qu'il ne faille appliquer ici le mot de Chamfort sur la Harpe : « C'est un » homme qui se sert de ses défauts pour cacher ses vices. »

Le plan d'études, si sévère pour l'histoire et la philosophie, a maintenu, a fortifié la pratique des vers latins et des discours latins. Je ne conteste pas l'utilité des vers latins et des discours latins, je le dis de bonne foi ; j'admets même, si on veut, mais sans le croire autant, qu'on peut écrire en latin, vers ou prose; mais à côté de cette question : les vers et les discours latins sont-ils utiles? viennent ces autres questions : à combien sont-ils utiles ? et, dans un temps donné d'étude, n'y a-t-il aucun travail plus utile que celui-là ? Répondons-y franchement. Sur une cinquantaine d'élèves qui composent une classe, combien y a-t-il d'élèves qui puissent ou qui veuillent profiter en ces genres, et arrivent à quelque talent ? Combien, si de ceux-là on ôte ceux qui se destinent à être professeurs ? et on devra les ôter; car enfin l'enseignement n'est pas fait pour le professorat, mais le professorat pour l'enseignement. Cela étant, il ne s'agit plus d'affection ou de rancune pour ou contre certains exercices, et voici toute la question : l'enseignement est-il fait pour le grand nombre ou pour le petit nombre ? Il me semble qu'on ne peut la résoudre que d'une seule manière; pour mon compte, je n'hésite pas. L'enseignement, si on a quelque conscience, doit s'adresser à tous, se préoccuper des esprits moyens, des esprits ordinaires, qui forment l'immense majorité, prendre par la main les élèves de capacité commune, leur apprendre à marcher, les mener aussi loin que possible ; ceux qui ont des ailes voleront. Il ne faut pas s'exagérer l'influence de l'enseignement sur les esprits supérieurs : ceux-là trouvent toujours leur route ; quand ils ne se forment pas tout seuls, leur génie original se forme sous les maîtres même qui le contrarient, ils sortent comme Voltaire des écoles des Jésuites.

Je voudrais, pourquoi pas ? qu'on donnât à lire de bon latin le temps qu'on met à en faire de mauvais ; je voudrais qu'on sortît du collège possédant son antiquité. On discutera tant qu'on voudra contre les anciens, ils ont ce mérite : ils ont rendu les idées simples dans leur forme simple, sans recherche de la nouveauté ni de l'effet. Il y a des classiques dans tous les temps et dans tous les pays, ceux qui, éminents par l'ordre de la composition et la pureté du langage, laissent des modèles sans danger; mais il n'y a d'anciens que là où se rencontre la naïveté ; et la naïveté n'est pas plus facile à retrouver dans les lettres que dans les sciences l'étonnement. Anciens et classiques sont sans doute les hommes avec qui il convient de faire vivre la jeunesse, si on veut la nourrir de ce qu'il y a de plus sain et lui donner le goût de la simplicité, sans laquelle il n'y a pas de grâce véritable ni dans la vie ni dans les écrits. L'Université l'a toujours voulu ; c'est dans tous les programmes, la partie qui ne change pas ; et pourtant les élèves connaissent-ils suffisamment ce qu'on tient à leur faire connaître ? Je ne le pense pas, et je dis tout de suite pourquoi : l'explication l'emporte sur la lecture, la grammaire sur l'analyse littéraire. On prend dans un auteur une partie, on ne permet aux élèves que le texte, et ce texte est scrupuleusement interprété à travers une année, morceau à morceau. C'est une excellente étude de langue ; mais la grammaire a peu d'attraits pour la plupart de ces jeunes esprits : ils suivent le professeur parce qu'il le faut, et ne sont pas intéressés comme s'ils lisaient tout un ouvrage de suite. Il est vrai que, pour cela, on devrait mettre entre leurs mains les traductions, lire, analyser avec eux les auteurs, noter avec eux les plus beaux passages, leur donner le désir de lire ces passages dans la langue originale, les expliquer devant eux, en leur imprimant le sentiment des beautés étrangères ; leur annoncer qu'il y en a de pareilles dans d'autres ouvrages ou d'autres auteurs, où on irait les chercher ; les renvoyant avec une grande considération pour la littérature, qui est si puissante pour charmer ou pour remuer les esprits, et pour quelques littératures particulières où cette puissance parait. Disons-le, la lecture des auteurs français ne remplace pas celle-là : notre dix-septième siècle, qui figure principalement dans les classes, est trop sévère pour de tels lecteurs ; ce qui le rend pour nous, plus âgés, inestimable, ce fond sérieux où paraissent constamment les grandes règles du goût et de la vie, cela est fait pour effrayer la jeunesse. On l'étonnerait beaucoup si on l'amenait à croire qu'il y a chez les Latins et les Grecs, chez les Grecs surtout, une multitude d'ouvrages qui l'enchanteraient, qu'ils pourraient lire Homère comme les *Mille et une nuits*, Hérodote comme un roman, Tacite comme une satyre contemporaine ; qu'en ouvrant Démosthènes, Eschyle, Sophocle, Euripide, ils auraient des plaisirs d'éloquence et de poésie comme on en a au théâtre ou dans l'assemblée d'une nation libre. L'éducation doit apprendre quelque chose, mais elle doit surtout donner le désir d'apprendre ; elle doit nourrir l'esprit, mais elle doit surtout exciter son appétit, lui créer des goûts, lui imprimer un mouvement et qui dure. Que chacun juge l'éducation présente par ces principes. Lettres ou sciences, je vois bien qu'on donne aux jeunes gens une clef pour ouvrir les trésors qu'elle renferment, mais ils n'ont pas envie d'entrer.

On se préoccupe du niveau des études, avec grande raison ; quel est le moyen de le maintenir ? Rendre l'enseignement plus difficile ? Non, quoi qu'il semble. Car une fois l'enseignement élevé, il reste à élever les jeunes gens jusqu'à l'enseignement, et c'est là la difficulté : il ne suffit pas de les tirer à soi, il faut qu'ils suivent. Or, il y aura toujours quelques esprits supérieurs qui suivront ; mais ce sont des saillies, des éminences, ce n'est pas un niveau ; le niveau sera là où le nombre aura monté. Le commun des intelligences sont les intelligences ordinaires ; l'esprit a sa taille moyenne comme le corps, et pour chaque âge de la vie ; la nature a ses mesures qui ne sont pas les nôtres. Si vous voulez enseigner à quelques-uns, vous êtes libre ; si vous voulez enseigner à tous, comme il convient, prenez la moyenne et marchez. A ce compte, dans les lettres et dans les sciences, il y aura quelque chose à sacrifier.

Si on veut aussi se préoccuper un peu du génie de la nation que l'on forme, il n'y a pas à hésiter, on devra donner aux lettres le plus grand nombre et la plus grande place. La France n'est pas déshéritée de l'esprit scientifique : elle a en ce genre des noms à opposer aux noms les plus éclatants des autres pays ; mais son génie est surtout littéraire. Esprits singulièrement sociables, nous recherchons les idées qui, comme elles défraient la conversation d'un salon, défraient le commerce du monde ; nous les rendons claires, intéressantes, acceptables partout, et les lançons ainsi dans la circulation de l'univers.

Quand un jour on réformera ce qui existe, oserai-je recommander un intérêt qui a paru moindre aux chefs de l'Université, celui des professeurs ? Ce n'est rien de dire aux élèves : Respectez les professeurs ; il faut d'abord les respecter soi-même ; et assurément on ne relève pas beaucoup le professeur de philosophie et le professeur d'histoire, quand on fait de l'un le répétiteur de toutes sortes de choses pour le baccalauréat, de l'autre ce que nous avons vu, ni les professeurs de tout ordre, quand, au lieu de leur laisser quelque indépendance pour ménager le temps de leur classe, on règle de quart d'heure en quart d'heure ce qui sera donné à chaque exercice, et on les astreint à rendre compte à chaque fois. De plus, en dehors des classes, on les charge de conférences multipliées, qui ôtent aux élèves le temps de travailler par eux-mêmes et aux maîtres la liberté de l'étude ou du repos.

II

Le baccalauréat termine les études ; il ne les termine pas seulement, il les règle ; car l'Administration doit évidemment les mettre en rapport l'un avec l'autre, et les élèves, au défaut de l'Administration, prendront ce soin. L'histoire du baccalauréat est facile à faire. Voici les deux grands changements qu'il a subis dans l'usage et dans la forme. Dans l'usage, après qu'il eut été longtemps un certificat d'études sérieuses, le gouvernement s'est avisé que ce serait là un bon obstacle pour prévenir l'encombrement des carrières, et l'a placé à la porte de ses écoles pour en défendre l'entrée ; dans la forme, après avoir consisté surtout dans un examen oral, il en est venu à consister surtout dans un examen écrit. Nous avons à considérer ces changements.

C'est une règle constante que, de l'examen écrit et de l'examen oral, il n'y en a jamais qu'un qui soit sérieux : lorsque l'examen écrit est difficile, l'examen oral ne compte pas, et réciproquement ; après un grand obstacle franchi, les examinateurs se reprocheraient d'en créer un autre de même force. Or, maintenant c'est l'examen écrit qui est à peu près tout. Deux compositions, l'une de version latine, l'autre de dissertation, latine encore ou française, six heures d'épreuve à tête reposée priment naturellement une interrogation de trois quarts d'heure. Ainsi, cette encyclopédie des connaissances humaines qu'on appelle baccalauréat ès-lettres se réduit, dans la pratique, à une épreuve de latin, secondairement de français ; et comme il faut renoncer à un latin qui ait couleur latine, ou à un français qui ait couleur française, on ne se prend qu'aux plus gros manquements contre la grammaire, aux violations de la syntaxe et surtout de l'orthographe, tout en les déplorant et faisant la part de l'étourderie et de la peur. S'il y a une partie scientifique du baccalauréat littéraire, il y a aussi une convention tacite entre les candidats et les juges, les uns convenant de demander peu, les autres de ne pas répondre davantage, convention qui existe aussi entre les candidats au baccalauréat ès-sciences et les juges de la partie littéraire de l'examen scientifique. C'est la force des choses.

On se récrie sur l'étendue du programme du baccalauréat littéraire, il me semble injustement ; car je ne vois pas trop qu'on pût se passer de l'histoire, de la géographie, ni ce qu'on en pourrait retrancher ; on a eu l'attention pour les élèves de réduire à peu la philosophie ; enfin, la lecture des meilleurs ouvrages, des meilleurs auteurs classiques, est bien placée là ; mais de l'étendue du baccalauréat scientifique on ne dit en général rien, tandis qu'il y a des sciences entières ou des parties de sciences qui pouvaient y être admises ou en être exclues librement. Je n'en dirai rien non plus : admirant ce vaste ensemble, et convaincu que la science de nos bacheliers y répond, je désire seulement que, s'il survient là quelque révolution, on sauve un programme, pour montrer à une future génération quelle était la force de celle-ci, comme on conserve les pesantes armures des chevaliers pour étonner notre faiblesse.

Le baccalauréat ès-sciences est exigé pour les Ecoles forestière, militaire, polytechnique, normale, et pour l'Ecole de médecine. Or, il est inférieur aux examens des Ecoles normale et polytechnique, pareil aux examens spéciaux des Ecoles forestière et militaire. Il semble que, sauf pour l'Ecole normale, où il est le commencement d'une série de grades à prendre, il peut être supprimé pour les Ecoles forestière, militaire et polytechnique, comme épreuve moindre ou égale, et que, si ces Ecoles regrettent quelques parties de l'examen, elles peuvent bien leur donner dans leur examen d'admission l'importance convenable. Ainsi, chacune se recrutera comme elle l'entendra, le baccalauréat ne sera plus forcé de se conformer aux exigences des écoles, et l'enseignement des colléges suivra sa propre direction, poursuivra son propre but, qui est l'instruction générale, au lieu de dissiper l'encombrement des services publics. Il ne sert même pas toujours à cela. Le baccalauréat étant exigé pour l'Ecole de Saint-Cyr, il fonctionne à sa façon dans les temps ordinaires ; mais dès que des besoins surviennent, comme le baccalauréat ne fournit pas assez, de peur que l'école ne reste vide, le ministre de la guerre sollicite l'indulgence pour ses candidats. Ainsi, le Gouvernement se préoccupe d'abord de dresser une barrière qu'il se préoccupe ensuite d'abaisser.

Reste l'Ecole de médecine. Je voudrais bien savoir quel rapport il y a entre la médecine et les figures dans l'espace, les courbes usuelles, la trigonométrie, les formules de la physique et de la mécanique mathématiques. La médecine est à la fois une science naturelle et une science morale : elle vit de faits qu'elle analyse et qu'elle classe, dont elle étudie les causes et les lois ; de faits physiques, quand elle étudie la machine humaine, les changements qui y surviennent par son propre mouvement ; de faits moraux, quand elle étudie les effets du corps sur l'âme et de l'âme sur le corps ; soit qu'elle voie dans le cours des idées et des passions un symptôme des affections des organes, ou que, pour expliquer les mouvements qui se passent dans ces organes, il lui faille remonter jusqu'aux idées et aux passions, qui ont là un contre-coup inévitable et un si fort retentissement. La médecine est toute en observation et en induction, nulle part en raisonnement abstrait. Elle n'a donc besoin, comme préparation, que de la science naturelle et de la science morale, et peut ne savoir, en mathématiques, que ce que tout le monde doit savoir. Il est donc bien de demander au médecin futur des connaissances de physique, de chimie, d'histoire naturelle, de cosmographie, et il ne sera pas mal de lui demander quelques connaissances morales, quelques notions de l'esprit et du cœur de l'homme, si on ne veut pas qu'il traite l'homme comme une plante ou comme une bête. Or, pour cela, la littérature ne lui sera pas inutile, la littérature, chose humaine par excellence ; et si on pense que la connaissance de l'homme a bien quelque chose à démêler avec la philosophie, il faudra se résigner à la philosophie : au programme actuel, si fort sur la méthode, on ajoutera quelques questions, pour que notre futur médecin apprenne un peu si dans ce corps il n'y a pas un hôte, quel est cet hôte, s'il n'y a pas en lui une raison, une imagination, des sentiments. L'ancien programme avait ces scrupules, que n'a plus le nouveau.

Il faut que le baccalauréat ne serve plus qu'à l'enseignement; il faut qu'il ne soit plus que la preuve d'études bien faites, comme elles peuvent être faites par le grand nombre des esprits. Par ce principe, le baccalauréat ès-sciences deviendra raisonnable; le baccalauréat ès-lettres, restreignant ses épreuves écrites, se bornera, pour cette part, à la version latine, comme double épreuve de latin et de français, épreuve qui d'ailleurs comptera sans exclure; et si le système de lectures qui me semble être le bon était appliqué dans les classes, les examinateurs auraient le droit d'exiger que les candidats eussent lu les auteurs dont ils parlent, au lieu d'avoir lu Homère et Virgile, par exemple, dans les sommaires des chapitres des manuels composés pour cet usage.

Ici se représente, à propos de l'examen, cette question du niveau que nous avons rencontrée à propos des études. Pour l'élever, n'y a-t-il qu'à rendre l'examen plus difficile, à fortifier les épreuves, à charger les programmes? Mon Dieu non! L'examen ainsi difficile ne sera abordable qu'à quelques-uns; de là une réclamation universelle, et, chez les examinateurs, avec la conscience d'exiger trop, le regret de sacrifier l'avenir de tant de jeunes gens. De leur côté, les candidats, incapables de préparer sérieusement un tel examen, prendront les expédients; et ce sont ceux-là qui, se présentant en foule, à un moment donné forcent les portes. Demandez le possible, vous l'aurez, en combattant, mais vous l'aurez; demandez plus, vous aurez moins, cela est inévitable. Que les législateurs de l'enseignement se persuadent bien de cette vérité pratique : au delà d'un point, on n'est plus maître; on ne fait plus le niveau, il se fait.

Ne cachons rien; aussi bien tout le monde le sait, professeurs, élèves et parents : avec le système actuel du baccalauréat, voici comment les choses se passent. Dès la classe de troisième, quelquefois avant, un élève se prépare spécialement au baccalauréat. En attendant qu'il apprenne autre chose, il apprend le programme; puis, armé de ce *cicerone*, il va droit devant lui à l'examen; il ne veut voir, ne veut entendre, ne veut faire que ce qui mène là. Ouvrir son esprit, se former un sens droit, embellir son imagination, assurer son goût (je ne parle même pas des sentiments, pour qu'on ne se moque pas de moi) tout cela détourne. Un chemin à faire; tant aujourd'hui, tant demain, cela est clair, on voit où on va, on sait où on est; à mesure que le temps avance, l'impatience prend, on ne marche plus, on saute, et, parvenu au fossé qui sépare du but, on se lance, les yeux fermés, en invoquant la chance. Beaucoup tombent au milieu, quelques-uns arrivent à l'autre bord, pour l'édification commune ; les victimes s'en retournent, se sèchent et se remettent un peu, puis reprennent leur élan. Que la chance leur soit en aide! Et maintenant qu'ils comptent leurs richesses : au lieu d'un esprit vigoureux par une bonne nourriture, bien digérée, par de convenables exercices, une mémoire surmenée, au lieu de science un programme, au lieu de facultés des numéros.

Quel est, dans tout cela, le rôle des parents ? Les parents « fort dociles, » perdus dans les détours des programmes et respectant la vocation de leurs fils, n'interviennent, quand ils interviennent, qu'avec la plus grande discrétion. S'il y en a qui, par prévoyance de l'avenir, exigent le double diplôme, au moins n'y en a-t-il guère ; il leur faut, avec les lumières et la fermeté, de la fortune et du temps, toutes choses qui ne sont pas à tout le monde. Un des étonnements de ce temps-ci, qui en a beaucoup, est la mansuétude des parents. Ils veulent être aimés ; quoi de mieux ! mais ils ne savent donc plus que, pour être aimé durablement, il faut être respecté d'abord, et qu'on n'est pas respecté quand on ne maintient pas la part de légitime pouvoir qu'on a reçue ; que, pour être aimé toujours, il faut, au besoin, consentir un moment à ne pas l'être. Ce courage convient aux pères ; et, puisque par l'entraînement des occupations qui absorbent le père, la conduite des enfants revient souvent à la mère, je dirai qu'il y a peu de spectacles plus touchants que celui d'une mère qui, avide d'être aimée, de complaire à son fils, de satisfaire ses moindres caprices, s'arrête, et voyant évidemment l'intérêt solide de ce fils quelque part où il ne le voit pas lui-même, prend l'autorité, tandis que son cœur saigne en l'exerçant. C'est là de l'héroïsme, un héroïsme que les femmes tenteraient plus souvent si elles songeaient que par les coups du sort elles peuvent à tout instant devenir le chef unique de la famille, héroïsme tôt ou tard reconnu par ceux qui en ont souffert et qui assure l'autorité pour les temps de crise et pour le temps même où on n'a plus le droit de l'exiger.

— Quelles que soient les difficultés de la matière, il y a des principes naturels, faciles à consulter en éducation et en instruction. En éducation, il faut savoir travailler, accepter une discipline, sacrifier un plaisir à un devoir ; en instruction, avant les études spéciales, viennent les études générales ; les vocations se découvrent à l'application. Avec du bon sens et de la bonne volonté, il est encore possible de se reconnaître. Pour la préparation générale, rien de plus simple, et, quand vient le moment de choisir, comme nous ne sommes plus sous l'ancien régime, et qu'on ne fait plus par ordre des prêtres ou des militaires, on peut consulter avec son fils, le faire réfléchir, lui permettre d'expérimenter ; constater avec lui les résultats, l'inviter à distinguer les désirs réels et les fantaisies, la volonté et la puissance, comparer devant lui les exigences d'une carrière avec la fortune et les secours dont on dispose ; puis, enfin, après l'épreuve faite, prendre la responsabilité sur soi et trancher. Il y a dans une délibération ainsi mûrie plus de chances de bien choisir que dans les inspirations mobiles de la jeunesse ; et, après tous ces soins, si on a mal choisi, la nature saura bien reprendre ses droits, mettre chacun à sa place.

J'aime la jeunesse, et j'en ai été aimé, peut-être pour cela. Une fois qu'elle est travailleuse et honnête, je lui sais gré d'être vivante, d'être heureuse, et ne lui en veux pas de ce que je vieillis. Aussi, je souffre de voir les expériences qu'on fait sur elle : c'est bien assez des piéges que sa légèreté lui tend ; on devrait au moins ne pas la tromper.

Adieu, mon cher et ancien collègue, à bientôt l'histoire détaillée du baccalauréat.

ERNEST BERSOT.

www.ingramcontent.com/pod-product-compliance
Lightning Source LLC
Chambersburg PA
CBHW070544050426
42451CB00013B/3167